YOU CAN BE
ABCs

Words by **ROBERT SAMUEL WHITE II**
and **ROBERT SAMUEL WHITE III**

Pictures by **ROBERT PAUL JR.**

PHILOMEL BOOKS

PHILOMEL BOOKS

An imprint of Penguin Random House LLC, New York

First published in the United States of America by Philomel Books,
an imprint of Penguin Random House LLC, 2021

Visit us online at penguinrandomhouse.com.

Library of Congress Cataloging-in-Publication Data is available.

Manufactured in China

ISBN 9780593405024

10 9 8 7 6 5 4 3 2 1

RRD

Edited by Talia Benamy

Design by Monique Sterling

Text set in Sentinel

Painted with light and texture to accent the characters, these illustrations were digitally rendered using Autodesk Sketchbook Pro with a traditional mindset to emulate the vibrant nature of watercolor and the smooth touch of creamy pastels.

To God, my amazing mommy, Stephanie N. White, my MJ,
and my grandmother —R.S.W. III

In memory of our namesake, Robert S. White Sr. —R.S.W. II

To Stella —R.P.

You can be an **A**

You can be an **ARCHITECT**

Sketch a building to kiss the sky

You can be a **B**

You can be a **BIOCHEMIST**

Make medicine to save lives

You can be a **C**

COMPUTER SOFTWARE DEVELOPER

With programs and systems and files

You can be a **D**
You can be a **DENTIST**
Because everybody loves to smile

You can be an **E**
You can be an **ENGINEER**
Solve problems of all kind
Chemical, mechanical, electrical
Use the power of your mind

You can be an **F**
You can be a **FIREFIGHTER**
Fight fires in red trucks

You can be a **G**
GASTROENTEROLOGIST
Deal with problems in the gut

You can be an **H**
HOSPITAL ADMINISTRATOR
Hospitals need leaders

You can be an **I**
INTELLIGENCE OFFICER
The FBI kind of people

You can be a **J**

You can be a **JUDGE**

Help people who seek justice

You can be a **K**

KINDERGARTEN TEACHER

Those kids are young and restless

You can be an **L**

You can be a **LAWYER**

Because people need to know their rights

You can be an **M**

MOBILE APP DEVELOPER

To make smartphones shine so bright

You can be an **N**

You can be a **NURSE**

Medical care for the masses

You can be an **O**

OPTOMETRIST

For people who need eyeglasses

You can be a **P**

PARAMEDIC

For medical emergencies

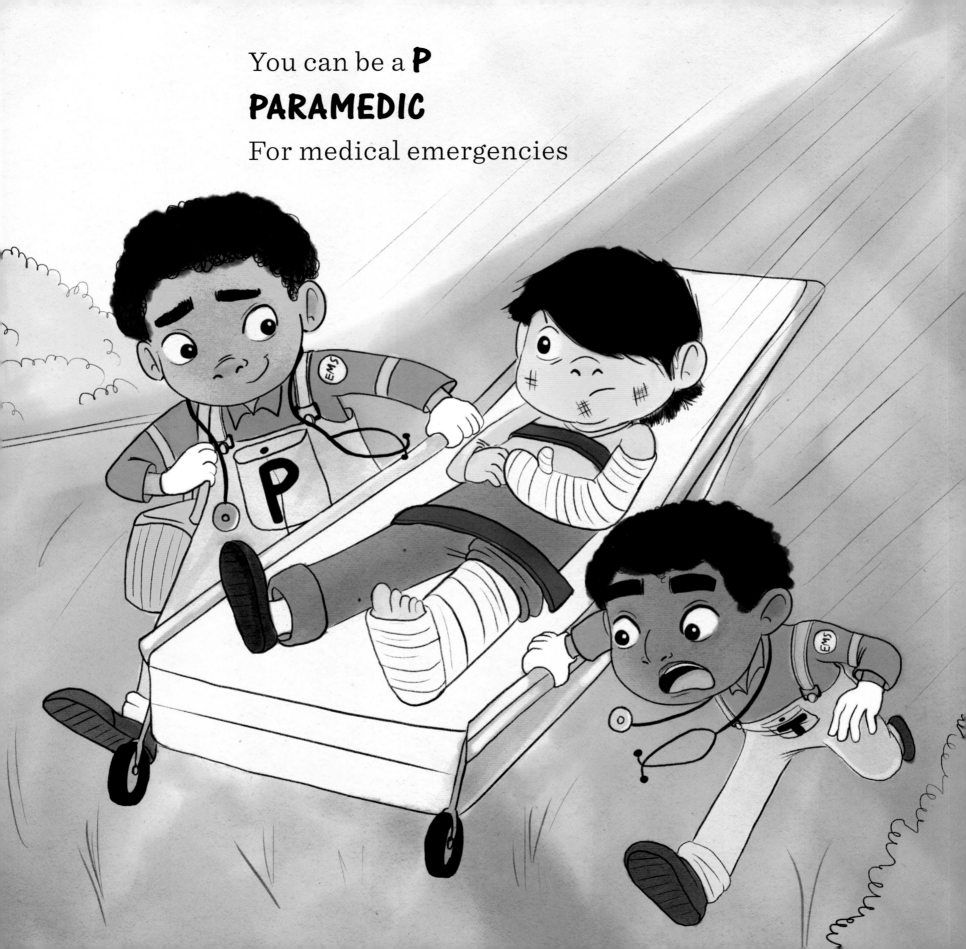

You can be a **Q**

QUANTUM PHYSICIST

Deal with particles and energy

You can be an **R**
RESEARCHER
Find cures for disease

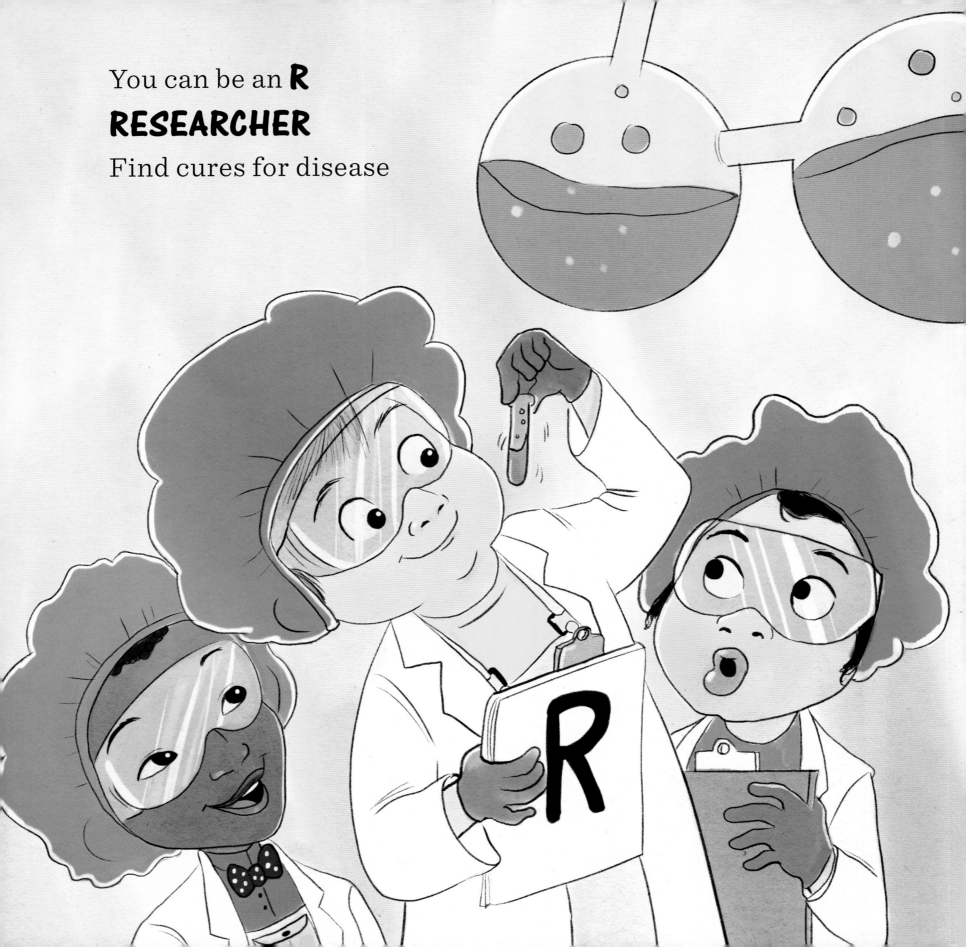

You can be a **T**

TRUCK MECHANIC

Trucks are critical transportation

You can be a U
UNIVERSITY PRESIDENT
Mold the future of your nation

You can be a **V**

VIDEO GAME DESIGNER

It's a cool kind of recreation

You can be a **W**

WEB DEVELOPER

It's an online occupation

Now take that **X**

Make your own mark

Leave an impact on the world

And with that **Y**
You can be your own boss
Tell every boy and girl

And with that **Z**

Zealously strive

You can reach the sky if you try

Just don't be a **Z**
Just don't be a **ZOMBIE**
And let the world pass you by!